Daniel R. Kupfer

# Eudaimonia und der Kampf um Anerkennung

Eine Frage der Gerechtigkeit

Kupfer, Daniel R.: Eudaimonia und der Kampf um Anerkennung: Eine Frage der Gerechtigkeit. Hamburg, Bachelor + Master Publishing 2015
Originaltitel der Abschlussarbeit: Eudaimonia und der Kampf um Anerkennung: Eine Frage der Gerechtigkeit

Buch-ISBN: 978-3-95820-278-8
PDF-eBook-ISBN: 978-3-95820-778-3
Druck/Herstellung: Bachelor + Master Publishing, Hamburg, 2015
Covermotiv: © Kobes - Fotolia.com
Zugl. Universität Leipzig, Leipzig, Deutschland, Bachelorarbeit, September 2014

**Bibliografische Information der Deutschen Nationalbibliothek:**
Die Deutsche Nationalbibliothek verzeichnet diese Publikation in der Deutschen Nationalbibliografie; detaillierte bibliografische Daten sind im Internet über http://dnb.d-nb.de abrufbar.

Das Werk einschließlich aller seiner Teile ist urheberrechtlich geschützt. Jede Verwertung außerhalb der Grenzen des Urheberrechtsgesetzes ist ohne Zustimmung des Verlages unzulässig und strafbar. Dies gilt insbesondere für Vervielfältigungen, Übersetzungen, Mikroverfilmungen und die Einspeicherung und Bearbeitung in elektronischen Systemen.

Die Wiedergabe von Gebrauchsnamen, Handelsnamen, Warenbezeichnungen usw. in diesem Werk berechtigt auch ohne besondere Kennzeichnung nicht zu der Annahme, dass solche Namen im Sinne der Warenzeichen- und Markenschutz-Gesetzgebung als frei zu betrachten wären und daher von jedermann benutzt werden dürften.

Die Informationen in diesem Werk wurden mit Sorgfalt erarbeitet. Dennoch können Fehler nicht vollständig ausgeschlossen werden und die Diplomica Verlag GmbH, die Autoren oder Übersetzer übernehmen keine juristische Verantwortung oder irgendeine Haftung für evtl. verbliebene fehlerhafte Angaben und deren Folgen.

Alle Rechte vorbehalten

© Bachelor + Master Publishing, Imprint der Diplomica Verlag GmbH
Hermannstal 119k, 22119 Hamburg
http://www.diplomica-verlag.de, Hamburg 2015
Printed in Germany

# INHALTSVERZEICHNIS

**Einleitung** ................................................................................. 1

1. **Die Eudaimonia oder das gute Leben**
   - 1.1. Eudaimonia bei Aristoteles .............................................. 4
   - 1.2. Die Rolle der gerechten Verfassung der Gemeinschaft ............. 5
   - 1.3. Eudaimonia und politische Stabilität .................................. 7

2. **Der Begriff der Gerechtigkeit**
   - 2.1. Gerechtigkeit als komplexe Tugend .................................... 9
   - 2.2. Gerechtigkeit als Verteilungsgerechtigkeit .......................... 10
   - 2.3. Der Maßstab der Würdigkeit bei Aristoteles ......................... 12

3. **Der Kampf um Anerkennung**
   - 3.1. Anerkennung des Menschen durch aktuelle Würdigkeit ............. 13
   - 3.2. Anerkennung unter Einbezug der Potentialität des Menschen ..... 15
   - 3.3. Der Kampf um Anerkennung bei Axel Honneth ....................... 16
   - 3.4. Kritik des Aristotelischen Gerechtigkeitskonzeptes nach H. Kelsen .... 20
   - 3.5. Der Kampf um Anerkennung als offener Prozess ..................... 22

4. **Gerechtigkeit, Freiheit und Eudaimonia**
   - 4.1. Das Problem mit der Offenheit der Freiheit und Potentialität ........ 24
   - 4.2. Intersubjektive, dialogische Anerkennung, Kritischer Diskurs ........ 26
   - 4.3. Gerechtigkeit und Anerkennung als Geburtshelfer der Eudaimonia .... 28

**Zusammenfassung und Schluss** ...................................................... 30

**Literaturliste** ............................................................................ 34

# Einleitung

Die Frage nach der Gerechtigkeit ist eine der schwierigsten und gleichzeitig notwendigsten Fragen überhaupt. Darum muss sie immer wieder neu gestellt und die bereits vorhandenen und erarbeiteten Antworten auf diese Frage müssen immer aufs Neue untersucht, kritisch hinterfragt, rekonstruiert bzw. aktualisiert werden. Dass das Glück und Unglück der Menschen, welche nach Aristoteles ihrem Wesen gemäß in Gemeinschaften und vielgestaltigen Kooperationsbeziehungen leben, in einer engen Beziehung zur Frage der Gerechtigkeit steht, leuchtet jedem reflektierten Mitglied einer Gesellschaft unmittelbar ein. Dagegen mag die Idee, das Glück des Menschen (Eudaimonia) mit einem noch nicht näher bestimmten „Kampf um Anerkennung" in Verbindung zu bringen, vielleicht zunächst ungewöhnlich erscheinen. Wenn man sich aber das Glück nicht als Glücksmoment, sondern als Lebensglück oder als gelingendes und selbstbestimmtes Leben vorstellt, wird sowohl die enge Verbindung zur Problematik der Gerechtigkeit im Allgemeinen klarer, als auch die Tatsache, dass die Gerechtigkeit, wenn sie Wirklichkeit haben soll, irgendwie abhängig ist von der Anerkennung und Wahrung der Rechte eben jedes einzelnen Menschen.

Wie aber kommt der einzelne Mensch zu seinem Recht bzw. zur Anerkennung seiner selbst als ein vernünftiges und freies Wesen, welches ja indirekt auch Voraussetzung für sein gelingendes Leben im Sinne der Eudaimonia ist? Sicherlich nicht so, dass ein Philosoph - sei er noch so einsichtig, weise und gebildet - sagen und wirksam fixieren könnte, wie dessen Rechte verfasst sein müssten und was die Gerechtigkeit im Allgemeinen sei.

Hans Kelsen eröffnet sein Buch „Was ist Gerechtigkeit"[1] aus dem Jahre 1953 damit, zu konstatieren, dass es bei der Frage nach der Gerechtigkeit gerade nicht um das Geben einer endgültigen Antwort gehen kann, sondern um die fortlaufende Suche nach noch besseren Fragen[2]. Diese Arbeit nimmt die Frage nach der Gerechtigkeit bei den Antworten und Lösungsversuchen des Aristoteles auf und untersucht zunächst rekonstruierend, dann aber kritisch, nach der universalen Geltung bzw. den Grenzen der Geltung dieser Antwortmöglichkeiten auf die zu jeder Zeit aktuelle Frage nach der Gerechtigkeit bzw. nach dem was als jeweils gerecht gelten kann. Zuletzt wird eine eigene Antwort versucht, welche dennoch nicht vergisst, dass die Frage nach der Gerechtigkeit gerade keine endgültige und dogmati-

---

1 Hans Kelsen, Was ist Gerechtigkeit.
2 Ebd., S.9.

sche Antwort erlaubt, was eine wesentliche These dieser Arbeit ist. Diese Offenheit oder Unbestimmtheit der Problematik der Gerechtigkeit gilt es in die Antwort geschickt zu integrieren, damit die Frage der Gerechtigkeit nicht zu einer reinen „Geometrieaufgabe" herabsinkt. Es ist schließlich der lebendige, potentiell freie und vernunftbegabte Mensch, der von der an ihm ausgerichteten Gerechtigkeit profitiert, oder der an einer an ihm vorbei zielenden Statik eines dogmatischen und subjektiv-partikularen Gerechtigkeitsbegriffs und dem aus diesem folgenden Rechtsspruch leidet. Letzteres wäre in diesem Sinne Unrecht, nämlich gegen den Menschen als ein dem Potential nach freies, selbstbestimmtes und vernunftbegabtes Wesen.

Das Ziel dieser Arbeit es, die Frage nach der Gerechtigkeit im Kontext der Aristotelischen Moralphilosophie auf eine vielleicht doch besondere und ungewöhnliche Weise zu stellen. Das ist mit erhöhtem Risiko des Scheiterns verbunden, denn sowohl die Idee zu dieser Arbeit, als auch die methodische Umsetzung folgen in hohem Maße eigenen (übenden) Denkbewegungen und Lösungsstrategien. Diese Arbeit ist so relativ frei gestaltet und darum stellenweise vielleicht auch etwas zu abstrakt oder meta-perspektivisch, aber sie bleibt doch hoffentlich stets nachvollziehbar und selbst-transparent. Es wird versucht, verschiedene Denkansätze (sozusagen in kritischer Absicht) zu verbinden, welche sich an gewissen Schlüsselstellen eine „theoretische Rückendeckung" überwiegend im Nachhinein erarbeiten. Freilich ist das sogenannte „eigene, übende Denken" von zahlreichen Quellen und Anregungen befördert, geformt und bereichert worden, was selbstverständlich hinreichend transparent gemacht wird.

Die „Nikomachische Ethik" und die „Politik" sind die primären Bezugsquellen dieses Vorhabens und der theoretische Boden auf dem die Grundidee zu dieser Arbeit gewachsen ist. Es soll der enge Zusammenhang zwischen der Möglichkeit der Verwirklichung der Eudaimonia (Glückseligkeit) des Menschen und der gerechten Verfasstheit einer Gemeinschaft dargestellt werden. Die Gerechtigkeitskonzepte des Aristoteles werden in ihrer sozialen Dimension erörtert bzw. reflektiert und es soll dabei schlussendlich gezeigt werden, dass es eine gewisse „Leerstelle" in der Gerechtigkeitskonzeption des Aristoteles gibt. Dass diese „Leerstelle" aber eigentlich eine unzulässige „Auffüllung" eines gewissen näher zu bestimmenden Freiraumes ist, soll unter Hinzuziehung einer Idee des „Kampfes um Anerkennung" (Hegel/ Honneth) ausgewiesen werden.

Die kritische Untersuchung findet nach der Erarbeitung und Anerkennung der für diese Arbeit zentralen Begriffe (Eudaimonia, Gemeinschaft, Gerechtigkeit) des Aristoteles statt. Es soll dabei nicht vordergründig auf die Gerechtigkeit als eine „besondere Tugend" eingegangen werden, sondern es soll so etwas wie das „Prinzip" oder das „Wesen" der Gerechtigkeit bei Aristoteles aufgesucht und expliziert werden, wobei zu vermuten ist, dass dieses „Wesen" uns auf das implizite Menschenbild des Aristoteles verweist. Es wird zu zeigen versucht, dass es bestimmte Voraussetzungen in den Betrachtungen bezüglich der Verteilungsgerechtigkeit gibt, welche den „Zeitgeist" oder das „präsentische Wissen" dieser Epoche transportieren. An dieser Stelle setzt dann im weiteren Verlauf die Kritik an.

Es soll dafür argumentiert werden, dass es keine umfassende Gerechtigkeit geben kann, wenn der „Kampf um Anerkennung" (Hegel/ Honneth) nicht erfolgreich und in einer universalistischen Gestalt (welche alle Menschen dem Potential nach als Gleiche unter Gleichen einbezieht) ausgetragen wird, da mit ihm die Anerkennung des Menschen als vernünftiges und freies Wesen steht und fällt. Hier muss geklärt werden, was unter einem „umfassenden Gerechtigkeitsbegriff" zu verstehen ist und wie die zugegeben etwas pathetisch klingende Metapher des „Kampfes um Anerkennung" in einem produktiven und uni versalistischen Sinne zu verstehen und auf einen Begriff zu bringen ist. Es ist außerdem erforderlich, zu zeigen, was genau Aristoteles unter „Würdigkeit" versteht, die er als Maß für die Gerechtigkeit ansetzt, und warum diese „Würdigkeit" für die Zuteilung von Gütern, Ehren und Ämtern nicht ausreicht, um den vollen Gehalt des Begriffes der Gerechtigkeit zu verwirklichen.

Man könnte es so ausdrücken: Es soll versucht werden, mit einem dynamischeren und moderneren Begriff der Gerechtigkeit (der weniger exakt, dafür offener ist) den als zu statisch und mathematisch empfundenen Begriff des Aristoteles zu kritisieren.

Klar ist dabei schon jetzt, dass dieser Vergleich auf die Relativität und Zeitlichkeit von Welt- und Menschenbildern geht. Es soll aber nicht selbstherrlich und vermeintlich auf der Höhe der Zeit und Erkenntnis nun Aristoteles seine eigene Zeitlichkeit und Historizität zum Vorwurf (Hans Kelsen wird das gleichsam schonungslos wie abstrakt tun) gemacht werden - und doch soll eben diese Relativität explizit und damit begreifbar gemacht werden. Sei es, um die eigenen Vorstellungen (die ja auch nur historisch abhängig und beschränkt sind) von Gerechtigkeit am historischen Vergleich deutlicher hervortreten zu lassen, oder gar, um am Ende doch bescheiden und geläutert einsehen zu müssen: Der größte und wesentliche Teil der Aristotelischen Gedanken zum Thema Gerechtigkeit und Eudaimonia entfaltet beinahe zeitlos seine Überzeugungskraft und ist durch die Jahrhunderte hindurch beständig gültig. Angestrebt ist in dieser Arbeit eine fruchtbare Synthese aus Kritik und Anerkennung.

## 1. Die Eudaimonia oder das gute Leben

### 1.1. Eudaimonia bei Aristoteles

Das höchste Gut nach dem der Mensch strebt ist das Glück bzw. das gute Leben. Mit dieser Erkenntnis eröffnet Aristoteles die Nikomachische Ethik (EN), so ist das erste Buch auch wie folgend übertitelt: „Glück als Ziel des menschlichen Lebens".
Dieses höchste Gut wird indirekt durch jede bewusste Handlung angestrebt, es bildet also so etwas wie den Bezugsrahmen der Einzelhandlungen und wirkt zugleich durch diese hindurch; es ist das letzte und höchste bzw. allgemeinste Ziel, welches durch die Teilziele und verschiedensten Handlungen realisiert und aktualisiert werden soll.[3]
Der Mensch kann nun die Eudaimonia nur verwirklichen und erhalten, indem er sich tugendhaft verhält, also indem er unter der Anleitung der Vernunft, zu der er von Natur aus befähigt ist, ein seinem Wesen entsprechendes Leben in einer politischen Gemeinschaft führt. Das dieses unbestimmte Glück ein „Gemeinplatz" (Aristoteles, EN, S.55) ist und dass es also näher bestimmt werden muss, ist offensichtlich.
Im Rahmen dieser Arbeit wollen wir den Begriff der Eudaimonia in seiner engen Kopplung und in seiner Abhängigkeit vom Begriff der Gerechtigkeit beleuchten, d.h. es soll nicht vordergründig eine Darstellung der Eudaimonia als das Ergebnis eines tugendgemäßen Lebens erbracht werden. Das höchste Gut als oberstes oder letztes Ziel des menschlichen Lebens soll keinesfalls in Frage gestellt werden, sondern es wird in dieser Arbeit als wahre Prämisse vorausgesetzt und in der anschließenden kritischen Erörterung wird darauf zurückgegriffen. Es soll eine erste Überlegung zu diesem Zusammenhang mit folgendem Zitat eingeleitet werden:

---

3  Aristoteles, Nikomachische Ethik, S. 46-49.

*„Denn vielleicht ist es nicht dasselbe, ein guter Mensch zu sein und ein guter Bürger in irgendeinem Staat."* (Aristoteles, EN, S.166)

In diesem Zitat des Aristoteles wird angedeutet, dass das Gutsein des Menschen abhängig und nicht gleichzusetzen ist mit dessen Gutsein als Bürger in einem Staat. Das Gutsein des Menschen, also dessen Tugendhaftigkeit (und damit dessen subjektive Befähigung zum Glück)[4] und die Beständigkeit der Eudaimonia hängen ab, von der Beschaffenheit der Gesellschaft und der Ordnung in der ein Mensch als Bürger lebt. Es wäre im Übrigen naiv und falsch, die Eudaimonia schlicht mit „Glück" zu übersetzen oder gar ihren Begriff auf ein irgendwie spontanes, freudiges Gefühl zu verkürzen. Nach diesen Feststellungen gehen wir über zu einer Betrachtung der Rolle der gerechten Verfassung einer Gesellschaft und deren Auswirkung auf die Eudaimonia, um den Begriff an seinen zahlreichen Referenzen und Beziehungszusammenhängen auskristallisieren zu lassen, oder weniger bildlich gesprochen: Ihn hinreichend explizit zu machen.

## 1.2. Die Rolle der gerechten Verfassung der Gemeinschaft

Eine gerecht verfasste Gemeinschaft ist die Bedingung für dauerhaftes Glück. Verfassung meint bei Aristoteles die Form und Konstitution einer Gemeinschaft (koinonia) bzw. eines Staates (polis). Wenn ein gutes Leben, also ein tugendgemäßes und selbstbestimmtes Leben, auf Dauer verwirklicht werden soll, dann darf die Form der Gemeinschaft nicht in einem Widerspruch zu diesem Leben stehen, d.h. sie muss gerecht verfasst sein. Denn die Gerechtigkeit, das Recht und die Rechtsprechung haben gerade die Funktion, das gute Leben des (aller Einzelnen) Einzelnen in der Gemeinschaft aufzuheben und institutionell abzusichern. Hier wird klar, dass, wenn der Gerechtigkeitsbegriff in irgendeiner Weise mangelhaft oder verkürzt ist, sich dies auf das geltende Recht und die Rechtsprechung auswirkt, weil die Praxen der Rechtsprechung mittelbar vom Begriff der jeweils geltenden

---

[4] Der tugendhafte Mensch ist gut in Bezug auf sich selbst und (im Sinne der Gerechtigkeit) auch auf andere, weil er vernünftig handelt. Auf diese Weise verwirklicht er sein soziales Wesen und erlangt die Eudaimonia. (Vgl. Aristoteles, EN, S.176).

Rechtstheorie abhängen.

In seiner Schrift „Politik" beschreibt Aristoteles den Menschen als ein Gemeinschaften bildendes Lebewesen, der Mensch ist das „zoon politikon"[5], also das soziale bzw. politische Tier.

Die beste und höchst entwickelte Staats- oder Gemeinschaftsform ist für Aristoteles der Polis-Staat, dieser hat nämlich das Endziel völliger Selbstgenügsamkeit (autarkeia) erreicht[6] und somit einen stabilen und alle Bedürfnisse der Menschen befriedigenden und harmonisierenden Zustand erlangt, der freilich weiterhin gegen einen Verfall seiner Form erhalten werden muss.

In folgendem Zitat wird noch einmal unterstrichen, wie der Mensch wesentlich auf die politische Gemeinschaft angewiesen ist:

*„Denn wenn eben jeder Einzelne für sich nicht sich selber genügend ist, so verhält er sich zum Staat geradeso wie die Teile eines Ganzen zu diesem letzteren, wenn er aber andererseits überhaupt nicht an einer Gemeinschaft sich zu beteiligen vermag oder dessen durchaus nicht bedarf wegen seiner Selbstgenügsamkeit, so ist er freilich kein Teil des Staates, aber eben damit entweder ein Tier oder ein Gott."* (Aristoteles, Politik, S. 47-48)

Die Rolle der gerechten Verfassung und des Gesetzes (nomos) beschreibt Aristoteles als enorm wichtig, da der Mensch ohne die Regeln der Gemeinschaft und die Schranken des Gesetztes dem Potential nach das gefährdetste und grausamste Wesen sein kann, wenn er nämlich ungehindert und ohne Vernunft seinen Trieben und Lüsten nachgeht und verfällt. Der Mensch entfaltet seine Tugenden, deren Verwirklichung das gute Leben und das Glück (Eudaimonia) zur Folge hat, nur in einer gerechten Gemeinschaft, welche den Menschen so erst als „zoon politikon" vollendet. (Vgl. Politik, S.48)

Es wird im folgenden Kapitel nach dem Zusammenhang von Eudaimonia und politischer Stabilität gefragt.

---

5  Vgl. Aristoteles, Politik, S.47.
6  Ebd., S.45.

## 1.3. Eudaimonia und politische Stabilität

Das gute Leben, oder das glückliche Leben der Menschen ist das höchste und letzte Ziel einer jeden Handlung. Damit aber das Glück von Dauer sein kann, müssen gewisse persönliche und politische Voraussetzungen erfüllt sein. Uns interessieren jetzt die politischen Voraussetzungen, welche in diesem Sinne relevant sind. Es ist für Aristoteles klar, dass der Mensch (das zoon politikon) sein Glück nur in einer Gemeinschaft (politike koinonia)[7] realisieren kann und dass diese Gemeinschaft auf eine gewisse Weise wohlgeordnet[8] sein muss, damit eben jeder sein ihm gemäßes Leben verwirklichen kann.

Die politische Stabilität hängt, neben Krieg und äußeren Feinden, welche hier nicht thematisiert werden sollen, auch davon ab, dass innerer Frieden in der Gemeinschaft herrscht. Dass der innere Frieden und damit die Eudaimonia durch mangelhafte Gerechtigkeit (durch handfeste Ungerechtigkeit sowieso) und einem aus ihr folgenden „Kampf um Anerkennung" möglicherweise gefährdet ist, das soll im Verlauf der Arbeit noch genauer erarbeitet werden.

Ein erster ernsthafter Kritikpunkt findet sich in der Behauptung des Aristoteles, dass es Menschen gibt, welche aufgrund ihrer Ausstattung mit Verstand (dianoia) zur politischen Gestaltung berufen sind und andere Menschen, welche zur Dienerschaft berufen sind, weil sie nur mangelhaft mit Verstand und Weitsicht ausgestattet sind. (Vgl. Politik, S. 45-46) Aristoteles geht davon aus, dass das Verhältnis von Herrschaft und Knechtschaft überall zu finden sei, in der Natur und Kultur und dass dieses Verhältnis einer gewissen Vernunft und Notwendigkeit entspringt. Die Seele beherrscht im Idealfall den Körper und ein König sein Volk und das domestizierte Tier hat es besser, wenn es unter der Herrschaft und Fürsorge des Menschen steht. Auch das Weibliche im Allgemeinen ist von Natur aus[9] geringer als das Männliche und fällt so unter dessen Herrschaft und profitiert nach Aristoteles auch von dieser Asymmetrie dieser Freiheits- und Machtverhältnisse, weil es ja von Natur aus nicht zur Herrschaft bestimmt ist. Der Sklave wird nun als eine Art Werkzeug des Hausherren, da ihm die Vernunft und also die Kraft zur Selbstbestimmung fehlt, als ein dem Haustier

---

7 Ebd., S.43.
8 Es sollen hier nicht die verschiedenen Verfassungen (politeia) erörtert werden, sondern es soll herausgearbeitet und dafür argumentiert werden, dass die Eudaimonia politische Stabilität braucht.
9 Hier verfährt Aristoteles äußerst dogmatisch, er weist zwar Gründe für seine Aussagen auf, welche aber zu großen Teilen aus fragwürdigen Analogieschlüssen und naturalisierten Vorurteilen gewonnen sind. (Vgl. Aristoteles, Politik, S. 51-53).

ähnliches Wesen begriffen, welches auch seinen eignen (wahrscheinlich als vom Sklaven selbst unbegriffen, vom Herren aus zu denkenden) Vorteil davon hat, dem Herren zu gehorchen und zu nützen.

Dass das für unser heutiges Verständnis von Gerechtigkeit und einer dem Menschen entsprechenden Lebensform geradezu abstoßend falsch und verkürzt klingt ist nachvollziehbar. Sicher haben diese Passagen in Aristoteles Werk schon reichlich Kritik (Hans Kelsens Kritik wird unter Kapitel 3.4. noch näher behandelt) erfahren, weil in ihnen scheinbar nur die aktuell herrschenden politischen Umstände gerechtfertigt werden sollen.

Nun soll in dieser Arbeit sehr nüchtern und analytisch danach gefragt werden, ob nicht vielleicht ein systematischer Fehler (im Sinne einer Verkürzung des Gerechtigkeitsbegriffs) mitverantwortlich für diese und andere, aus heutiger Sicht offensichtlich ungerechten Verhältnisse, ist.

Zugespitzt und verknappt argumentiert Aristoteles in etwa so: Gewisse Menschen sind von Natur aus nicht fähig ihre Vernunft zu ihrem Vorteil zu benutzen, also muss der jeweilige Herr übernehmen. Das ist vernünftig und also gerechtfertigt dadurch, dass alles menschliche Streben immer indirekt auf das höchste Gut (Die Eudaimonia) abzielt und weil der Sklave dieses ohne die Anleitung[10] durch den Herrn nicht realisieren könnte.

Dieser Gedankengang überzeugt uns heute nicht mehr, weil wir die Unfähigkeit zur Selbstbestimmung und -beherrschung nicht derart leichtfertig (sei es aus seiner „inneren Natur" oder seiner Herkunft) einem Menschen zusprechen würden, auch weil wir jedem geistig und körperlich gesunden Menschen ein Recht auf Selbstbestimmung und die Fähigkeit zur Selbstbeherrschung heute wie selbstverständlich einräumen. Freilich ist das ein Ergebnis der Erkenntnis dessen, dass der Mensch auch das Produkt einer Art Selbsterschaffung und Bestimmung durch Kultur ist[11]. Damit gehen wir auch davon aus, sofern wie die Lehre von der Eudaimonia oder einem ähnlichen Prinzip teilen, dass jeder Mensch sein Glück eigenverantwortlich und in freiwilliger sozialer Kooperation erreichen kann und soll. Es wäre

---

10 Das ist gerade die Umkehrung der aufklärerisch motivierten Anweisung Kants, sich mutig seines eigenen Verstandes ohne die Anleitung eines anderen zu bedienen. (Vgl. I. Kant, Beantwortung der Frage: Was ist Aufklärung? In: Berlinische Monatsschrift 4 (1784), S. 481-494.

11 Ich will das an dieser Stelle nicht näher erläutern, aber der Gedanke der Selbsterschaffung meint hier lediglich, dass die Menschheit die Distanz zu unmittelbaren Naturnotwendigkeiten in ihrer Geschichte schrittweise erhöht und dass sie sich gleichsam in einen „Raum der Kultur" einbettet, welche sie nun auch bestimmt, wie es in einem als rein gedachten Urzustand nur die Natur tat. Konkret: Aristoteles denkt sich den Sklaven als von Natur aus unfähig zur Selbstbestimmung, er ist aber tatsächlich ein Produkt der Kultur, also ein Produkt von von Menschen gemachten Umständen. Dazu später mehr.

demnach sogar Unrecht und ein Ausdruck der Unmoral, einen Menschen in Abhängigkeit zu halten, selbst wenn er aktuell nicht eigenverantwortlich und frei sein Glück realisieren kann. Wir wissen heute, dass der Mensch erst zur freien Person erzogen und befähigt werden muss, dass er abhängig ist von den Umständen in denen er lebt und dass es immer nur der allerletzte Schritt (sozusagen im Notfall)[12] sein kann, einen Menschen ein Abhängigkeitsverhältnis zuzumuten.

Es wird sich im Zusammenhang mit der Idee eines „Kampfes um Anerkennung" noch zeigen, wie derart „versteckte" oder „implizite" Ungerechtigkeiten die Eudaimonia bestimmter und vielleicht auch aller Menschen in der jeweiligen politischen Gemeinschaft unterminieren können und wie dadurch die politische Stabilität des ganzen Staates gefährdet wird, was wiederum zu erheblichen Ungerechtigkeiten gegen die vormaligen Herren über Recht und Ordnung führen kann. Hier besteht die Gefahr einer sich aufschaukelnden Bewegung von wechselseitiger Unterdrückung, Unrecht und dessen Vergeltung.
Aristoteles untersucht in seinem Werk Politik u.a. die verschiedenen Staatsformen und deren Verfallsformen in ausführlicher und differenzierter Weise. Auf eine komplexe Darstellung dieses reichhaltigen Stoffes muss hier allerdings verzichtet werden, da für diese Arbeit von wesentlichem Interesse nur der systematische Zusammenhang von Eudaimonia und einer stabilen Gemeinschaft im Allgemeinen ist, welche nicht auch noch den wechselnden Einfluss der politischen Rahmenbedingungen auf das ohnehin sehr komplexe Gefüge dieses Zusammenhangs untersuchen kann.

## 2. Der Begriff der Gerechtigkeit

### 2.1. Gerechtigkeit als komplexe Tugend

Bei Aristoteles nimmt die Gerechtigkeit als Tugend (Charakterdisposition) eine Sonderstellung unter den Tugenden ein, weil sie alle anderen Tugenden in sich vereint. Sie ist nicht eine „einfache" Mitte zwischen zwei Extremen, wie es bei den Tugenden schlechthin der

---

12 Mögliche Notfälle/Ausnahmen wären z.B. das Vorliegen geistiger oder körperlicher Krankheit.

der Fall ist, sondern eine Mitte in Bezug auf den anderen Menschen bzw. der Gemeinschaft. Wer gerecht ist, der strebt danach, seine Tugenden nicht nur auf sich selbst, sondern auch auf andere Menschen in einem sozialen also kooperativen Sinn anzuwenden.

*„In der Gerechtigkeit ist jede Tugend enthalten."* (Aristoteles, EN, S.162)

Die Gerechtigkeit ist, als eine soziale Tugend, welche die Verhältnisse zwischen den Menschen regelt, gemeinschaftsstiftend und erhaltend und stabilisiert so die gesellschaftlichen Verhältnisse. Als Tugend garantiert die Gerechtigkeit auf diese Weise, dass nicht das Glück des einen Menschen durch das Glück eines anderen ausgelöscht wird, d.h., dass nicht ein Glück des einen Menschen das Unglück eines anderen wird. Die Gerechtigkeit als Tugend, so könnte man sagen, synchronisiert die Interessen der einzelnen Menschen so, dass sie sich nicht wechselseitig Schaden und Unglück bringen, sondern so, dass die Eudaimonia verwirklicht werden kann. Das kann nur gelingen, wenn die Gerechtigkeit vernünftig bestimmt ist, also im Sinne einer Orientierung auf das Wohl der Gemeinschaft.
Die Gerechtigkeit, so betont es Aristoteles, als (komplexe) Tugend ist dann am Besten, wenn sie in Bezug auf einen anderen gewirkt wird. (Vgl. Aristoteles, EN, S. 162-163)

Die Gerechtigkeit als Einzeltugend unter anderen Tugenden, welche sich auf die Verteilung von Gütern und den Tausch bezieht, wird unterschieden von der Gerechtigkeit als „Gesamtheit der Tugenden"[13], welche als der gerechte Bezug zum anderen und zur Gemeinschaft verstanden wird. Diese allgemeinen Bestimmungen der Gerechtigkeit dienen der ersten Annäherung an das komplexe Thema Gerechtigkeit, welches im nächsten Abschnitt genauer beleuchtet werden soll.

## 2.2. Gerechtigkeit als Verteilungsgerechtigkeit

Die Gerechtigkeit als Verteilungsgerechtigkeit besteht nach Aristoteles aus wenigstens vier Gliedern. Das ist so, weil ein jeweiliges Gut zwischen mindestens zwei Parteien verteilt

---

13 Vgl. dazu Christof Rapp, Aristoteles zur Einführung, S. 35.

bzw. aufgeteilt wird. Es gibt also die zwei Ansprüche der zwei Parteien und auf der anderen Seite eine in zwei „Portionen" aufzuteilende Gütermenge. Das sind die vier Glieder dieses Mechanismus, wobei das gerechte Maß im Verteilen im Prinzip des Gleichen verankert ist.

*„Denn die Personen, für die es das Gerechte ist, sind zwei, und die Sachen, in denen es sich zeigt, sind ebenfalls zwei."* (Aristoteles, EN, S.167)

Das Prinzip der Gleichheit besagt nun, dass zwischen zwei gleichen Personen auch das Gut gleich aufgeteilt werden muss, wenn die Verteilung als gerecht gelten soll. Wenn die Personen jedoch ungleich sind, so muss nach dieser geometrischen Bestimmung der Gerechtigkeit (eben nach Proportionalität) auch das Gut auf dieselbe Weise ungleich verteilt werden, damit beim Verteilen der Ungleichheit der beiden Personen auf gerechte Weise entsprochen wird. Ungleichen Personen steht so in gerechter Weise ungleich viel zu. (Vgl. Aristoteles, EN, S. 167-168)

Es stellen sich nun Fragen wie diese: Auf welche Weisen können Personen ungleich sein? Warum folgt aus der Ungleichheit von Personen eine in einem gewissen Sinn automatische[14] Zuteilung von Gütern und was für Folgen hat das für die Ungleichheit unter den Personen? Der ersten Frage soll im nächsten Kapitel nachgegangen werden, die zweite wird im weiteren Verlauf der Arbeit noch an Relevanz gewinnen, denn sie ist eng verbunden mit der Leitfrage und der kritischen Betrachtung in Bezug auf die Triade: Eudaimonia, Gerechtigkeit und Anerkennung, welche die methodische Idee dieser Arbeit ausmacht.

Die Verteilungsgerechtigkeit steht freilich nicht stellvertretend für alle Gerechtigkeitskonzepte des Aristoteles und sie wird auch nicht auf diese Weise kritisiert. Aristoteles kennt noch eine ausgleichende Gerechtigkeit, die Gerechtigkeit als Tugend (und Gesamtheit der Tugenden) und er kennt eine gerechte Verfasstheit von Staaten. Auf all diese Differenzierungen kann im begrenzten Umfang dieser Arbeit und ihrer Fragestellung nur holzschnittartig eingegangen werden.

---

14 Nämlich nach dem Prinzip des geometrischen Verhältnisses der Proportionalität.

## 2.3. Der Maßstab der Würdigkeit bei Aristoteles

Personen können wohl auf viele Weisen ungleich sein. Aristoteles großes Verdienst ist es wohl, dass er die Ansprüche auf Güter nicht direkt an den Stand, die Herkunft oder das Geschlecht bindet, indem er als Vergleichskriterium die Würdigkeit bzw. die Verdienste eines Menschen bestimmt. (Vgl. Aristoteles, EN, S. 167-168) Würdigkeit und Verdienste stehen in einem engen Zusammenhang mit der Tugendhaftigkeit eines Menschen. Es wird also ein Gut nur genau dann gleich auf zwei Menschen verteilt, wenn deren Würdigkeit und Verdienste gleich sind. Es ist ganz klar wohin diese Überlegung führt, nämlich zu der zentralen Frage, wer denn nun und mit welchen Rechten und Gründen die Würdigkeit und Verdienste eines Menschen überhaupt einschätzen kann? Auch die Frage nach der Objektivität bzw. Intersubjektivität dieser Beurteilung ist hier entscheidend. Aristoteles selbst problematisiert diesen Sachverhalt - und weil es sich hier um eine Schlüsselstelle im Rahmen dieser Arbeit handelt, sei ein längeres Zitat erlaubt - wie folgend:

*„Die Verteilung nach der Würdigkeit (axia) macht dies ebenfalls deutlich. Denn alle stimmen darin überein, dass das Gerechte bei der Verteilung einer Art von Würdigkeit entspringen muss, doch nennen nicht alle dieselbe Art von Würdigkeit, sondern die Demokraten nennen den Status des freien Menschen, die Oligarchen den Reichtum, manche auch die adelige Abstammung, die Aristokraten die Gutheit des Charakters."* (Aristoteles, EN, S.168)

Es soll in dieser Arbeit nicht die Staatsformenlehre[15] im Detail verhandelt werden, sondern nur festgestellt werden, dass nach Aristoteles die Demokratie, weil sie ihrer Verfasstheit nach die Freiheit des Einzelnen (und damit nicht das Gemeinwohl) als Ideal ansetzt, das gute Leben (Eudaimonia) der Gemeinschaft gefährdet. Es ist aus dem obigen Zitat zu entnehmen, dass Aristoteles die Würdigkeit als ohnehin anerkannten und gültigen Maßstab anerkennt, wobei er gleichzeitig feststellt, dass dieser Begriff inhaltlich immer erst von der jeweils bevorzugten bzw. etablierten Politik (mit ihren jeweiligen Idealen und ihrer Verfasstheit) bestimmt ist. Die Unbestimmtheit des Begriffes der Würdigkeit entspricht so der Unbestimmtheit der Gerechtigkeit, denn wie bereits in Kapitel 2.2 gezeigt wurde, ist die

---

15 Die Demokratie gehört nach Aristoteles zu einer der Verfallsformen des Staates. (Vgl. dazu Aristoteles, Politik, S. 143-144).

Gerechtigkeit ein Verhältnis aus vier zu berücksichtigenden Variablen, wovon zwei jeweils die Personen (die Würdigkeit ist das Kriterium/der Maßstab für die Menge der zu erhaltenden Güter) und die anderen zwei die zu verteilenden Gütermengen selbst sind.

Aristoteles sagt, dass in der Aristokratie die „Gutheit" des Charakters als die Würdigkeit näher bestimmt und also der Gerechtigkeit im Verteilen zu Grunde liegt. Da die Aristokratie zu den „guten" Verfassungen zählt, weil sie sich am Gemeinwohl orientiert, ist klar, dass diese den Vorzug vor der Oligarchie und Demokratie erhält.

Kurz gesagt und zugespitzt formuliert: Die Freiheit des Einzelnen wird nach Aristoteles der Tugendhaftigkeit und damit der Orientierung am Gemeinwohl untergeordnet. So wird auch die Würdigkeit an die Tugendhaftigkeit und „Gutheit" des Menschen geknüpft und gerecht ist folglich eine Verteilung von Gütern (in der idealtypischen Aristokratie), wenn sie der Würdigkeit als Tugendhaftigkeit der jeweiligen Person proportional entspricht. Der tugendhafte Mensch verdient mehr (hat mehr Würdigkeit) als der lasterhafte.

## 3. Der Kampf um Anerkennung

### 3.1. Anerkennung des Menschen durch aktuelle Würdigkeit

An diese Überlegungen schließen sich nun die Gedanken zu einem noch nicht näher bestimmten „Kampf um Anerkennung" an, welche einer Kritik den Weg bereiten sollen, die in der Einleitung angedeutet wurde. Wenn nämlich, so das noch sehr allgemeine Argument, die Würdigkeit des Menschen durch eine Analyse bestimmt wird und sodann die zu verteilenden Güter entsprechend dieser Würdigkeit zugestanden werden, wird dabei eine aktuelle Bewertung materiell fixiert. Die nur aktuelle Würdigkeit wird im Allgemeinen[16] zum Maßstab für die Mengenzuteilung von Gütern gemacht.

Es ist selbstverständlich zunächst in aller Deutlichkeit anzuerkennen und als positiv herauszustellen, dass im speziellen Fall der Bewertung einer Person durch die Würdigkeit, welche sich durch die Tugendhaftigkeit eines Menschen näher bestimmt, die so mittelbar

---

16 Hier sind sich nach Aristoteles alle Menschen einig, es besteht also keine weitere Rechtfertigungspflicht. Ob diese Aussage nun richtig oder falsch ist, wird bei Aristoteles nicht hinreichend kritisch untersucht, sondern nur als allg. Konsens vorausgesetzt. Siehe Zitat in Kapitel 2.3.

den Maßstab für die Gerechtigkeit im Verteilen bildet und demzufolge einen Gerechtigkeitsbegriff liefert, der gerade nicht wesentlich auf Besitz, Stand, Geld- oder Machtmittel referiert. Diese Herangehensweise an die Frage nach der Gerechtigkeit soll in dieser Arbeit zunächst als richtig vorausgesetzt werden, bei gleichzeitiger Kritik ihrer analytischen Statik. Diese Idee soll aber um einen pragmatischen Ansatz bzw. eine Modifikation erweitert werden, welcher das werdende Wesen des Menschen und dessen potentielle Befähigung zur Freiheit und Selbstbestimmung anerkennt bzw. zur Anerkennung bringt. Der Begriff der Gerechtigkeit wird durch diese „Öffnung" und „Lockerung" an mathematischer Exaktheit verlieren, aber er soll gerade dadurch in der Praxis tauglicher werden.

Der Gerechtigkeitsbegriff wie wir ihn bei Aristoteles u.a. in der Ausprägung als Verteilungsgerechtigkeit[17] finden, verkürzt in Form dieser Würdigkeits-Güter-Relation den jeweiligen Menschen auf sein nur aktuelles „Sein" und „Können". Dabei ist es zunächst vollkommen egal, welchen bevorzugten inhärenten Bemessungsgrund die Würdigkeit im Menschen ausmacht, denn die Verkürzung ist eine Reduktion des Menschen auf einen Analysemoment und hier erscheint die (unterstellte) Leerstelle dieser Methode: Die Nichtanerkennung der Potentialität einer Person innerhalb dieser Rechnung. Diese Leerstelle, oder wie es in der Einleitung ausdrückt wurde, dieses Auffüllen eines Freiraumes, wird dann zu einem Problem, wenn aus dieser aktuellen Analyse der jeweiligen Würdigkeit nicht nur eine temporäre Festlegung, sondern sogar eine permanente Fixierung der Güteransprüche folgen würde. Die Analyse des Aristoteles soll nun aber gerade das Problem der Verteilungsgerechtigkeit richtig erklären (diesen Anspruch kann man wohl unterstellen) und dann auch praktisch auflösen helfen, also ist sie u.a. eine Handlungsanleitung zum gerechten Umgang mit eben solchen Verteilungsproblemen, oder es besteht zumindest die Wahrscheinlichkeit, dass in der Praxis nach diesen theoretischen Vorgaben bemessen, gewertet und anschließend verteilt wird. Hier liegt das Problem: Wenn die Theorie verkürzend ist, ist auch die aus ihr folgende Praxis entsprechend mangelhaft, insofern die Praxis der Theorie folgt. In gewisser Weise soll demnach in dieser Arbeit der Versuch unternommen werden, die Theorie der Praxis etwas anzupassen. Es soll versucht werden, das Ideal der Verteilungsgerechtigkeit ein wenig zu ent-idealisieren und zu pragmatisieren. Freilich wird das in der Theorie stattfinden, was kein Problem ist, wenn man davon ausgeht, dass eine Theorie (oder ein

---

17 Aristoteles, Nikomachische Ethik, S. 167-172.

Kommentar) kritisch gegen sich selbst gewendet, sich nach der Antizipation und Einarbeitung der Gegenargumente und kritischen Gedanken nochmals in ihrer (in seiner) Güte steigert. Zugegeben, dieses Unterfangen sah auf den ersten Blick, d.h. beim ersten durchdenken der Grundidee zu dieser Arbeit, recht einfach, klar und machbar aus, bei genauer Betrachtung (sowohl des zu kritisierenden Materials, als auch der Methode) wirkt das ganze Vorhaben aber doch reichlich schwierig und komplex, es fordert also heraus.

### 3.2. Anerkennung unter Einbezug der Potentialität des Menschen

Was wäre nun eine Form der Anerkennung, welche dem Menschen gerecht wird? Wenn aus der Feststellung der bloß konkreten Würdigkeit eines Menschen sein Güteranspruch folgt, dann fehlt in dieser „Rechnung" die Anerkennung des Menschen als Menschen, d.h. es fehlt ein Mindestmaß an zu verteilenden Gütern, in Bezug auf eben die viergliedrige verteilende Gerechtigkeit, welches dem Menschen als ein zur Freiheit und Selbstbestimmung fähiges Wesen zukommen muss, damit sich eben dieses Potential auch entfalten kann. Das heißt, es fehlt die Anerkennung der Potentialität des Menschen.

Eine mögliche Kritik wäre in etwa so zu formulieren: Da der Mensch ein Wesen mit Potential[18] ist und da dieses Potential, damit es wirksam werden kann, anerkannt werden muss, muss diese Potentialität auch in den Gerechtigkeitsbegriff bzw. in die Totalität der Gerechtigkeitsbetrachtung einfließen. Denn damit der Mensch seine Anlagen möglichst frei und am Gemeinwohl orientiert entfalten kann, braucht er notwendig eine gewisse Menge an Gütern und Ressourcen. In diese Mengenkalkulation gehört das noch nicht feststellbare zukünftige Können und die zu erwartende Würdigkeit irgendwie mit einbezogen, damit die Potentialität überhaupt unter den realen gesellschaftlichen Bedingungen und in Raum und Zeit zur Umsetzung, also zur Wirklichkeit, kommen kann.

Der „Kampf um Anerkennung" ist in diesem Sinne dann nichts anderes als der Streit um die Wahrheit des Menschen als eines immer unfertigen und werdenden Wesens, welches

---

18 Zunächst reicht eine Bestimmung des Potentials als selbstbestimmte Entwicklungsfähigkeit.

auf einen Vorschuss von Gütern (und Vertrauen)[19] aus der Gemeinschaft prinzipiell angewiesen ist. Dieser Vorschuss ist gerecht und gleichzeitig problematisch, darauf wird aber in Kapitel 5 noch näher eingegangen.

Wenn ein Mensch nun diesen, wie auch immer er nun im Detail ausgestaltet ist, Vorschuss vorenthalten bekommt, so fällt er auf sein aktuelles Sein zurück, wird gleichsam in diesem fixiert, was vom Standpunkt der Entwicklung und der Strebsamkeit des Menschen von einem geringeren Zustand zu einem höheren, besseren zu kritisieren wäre. Vor allem wäre anzuzweifeln, dass überhaupt auf diese Weise eine sich reproduzierende Gemeinschaft von Individuen konstituiert und erhalten werden könnte. Ohne Entfaltung und Entwicklung stirbt nämlich alles Lebendige notwendig ab.

### 3.3. Der Kampf um Anerkennung bei Axel Honneth

Axel Honneth hat in seinem Buch „Kampf um Anerkennung" (KuA) die Struktur sozialer Anerkennungsverhältnisse[20] untersucht. Hier sollen diese Verhältnisse nicht im Detail untersucht werden, sondern nur die für das spezielle „Anerkennungsproblem" relevanten Gedanken. Honneth beschreibt im Nachwort seines Werkes, dass er die ursprüngliche Idee eines Kampfes um Anerkennung aus dem berühmten Herr und Knecht Kapitel[21] in Hegels Phänomenologie des Geistes entlehnt hat. Hier soll im Übrigen nicht verhandelt werden, ob die Lesart des Herr und Knecht-Kapitels als die Darstellung eines real stattfindenden sozialen Kampfes zweier Subjekte die richtige Lesart bzw. Interpretation dieses berühmten und auf verschiedene Weisen[22] deutbaren Kapitels ist. Axel Honneth hatte die Idee, das Anerkennungsmodell des jungen Hegel für eine Bestimmung von universalen Bedingungen der Bildung der menschlichen Identität zu verwenden:

---

19 Man könnte Akte des Vertrauens und der Kooperation als wertvolle, soziale Ressourcen verstehen, dann gilt für sie auf dieser hohen Abstraktionsstufe zunächst das gleiche, was über die anderen (materiellen) Güter ausgesagt wurde.
20 Tabelle/ Übersicht zur Struktur der sozialen Anerkennungsverhältnisse. Vgl. dazu A. Honneth, K.u.A., S.211.
21 G.F.W. Hegel, Phänomenologie des Geistes, S. 137-155.
22 Auch möchte ich keine dieser Lesarten generell bevorzugen, ich folge im Rahmen dieser Arbeit zunächst der Interpretation Honneths.

*„[...] im wesentlichen lag dem die Bestimmung zugrunde, die von Hegel analysierten Strukturen der wechselseitigen Anerkennung nicht länger einfach nur als Voraussetzungen des Selbstbewusstseins, sondern als praktische Bedingungen eines positiven Selbstverständnisses des Menschen zu begreifen."* (Honneth, KuA, S. 308)

Das gibt ein allgemeines Verständnis der Bedeutung des Konzeptes eines Kampfes um Anerkennung, wie ihn A. Honneth begreifen will. Das Ziel der Beschäftigung mit Hegels frühen Schriften (Jenaer Zeit) war für Honneth die Entwicklung der Grundlagen einer normativ gehaltvollen Gesellschaftstheorie[23]. Für diese Arbeit relevant ist die aus der systematischen Rekonstruktion der Heglschen Argumentationsfigur des „Kampfes um Anerkennung" von Honneth gewonnene Unterscheidung in drei Anerkennungsformen, welchen das Potential zu verschiedensten Konflikten inhärent ist. Honneth will dabei dem metaphysischen Denken Hegels eine empirische Wendung geben und unter Zuhilfenahme der Sozialpsychologie G.H. Meads ein intersubjektivitätstheoretisches Personenkonzept entstehen lassen, bei dem das im obigen Zitat erwähnte „Selbstverständnis des Menschen" abhängt von den drei Formen der Anerkennung: Liebe, Recht und Wertschätzung. Diesen drei Formen der Anerkennung, von denen besonders die des Rechts für die Frage nach der Gerechtigkeit von Bedeutung ist, entsprechen drei Typen der Missachtung, welche als Motivation für Handlungen in einem Kampf um Anerkennung (inklusive sozialer Konflikte) fungieren. (Vgl. Honneth, KuA, S.7-9)

Die sozialpolitische Instabilität, welche durch die Missachtung der verschiedenen Anerkennungsformen entstehen kann, z.B. durch Nichtanerkennung und Verweigerung von gewissen Rechten, wird noch von Interesse sein, nämlich, wenn im Rückgriff auf die Verteilungsgerechtigkeit bei Aristoteles festgestellt werden muss, dass hier die Gerechtigkeit nicht vollständig hergestellt wird, weil die Potentialität des Menschen bei der „Berechnung" der Würdigkeit keine Berücksichtigung fand, und also ein „Kampf um Anerkennung" der Anerkennungsform des Rechts stattfinden könnte, welcher die politische Stabilität[24] und damit die Eudamonia der Menschen gefährden könnte.

---

23 Vgl. dazu Axel Honneth, Der Kampf um Anerkennung, S.7.
24 Dabei soll nicht zuerst an einen Sklavenaufstand gedacht werden, auch wenn die Sklaven in Sachen „Kampf um Anerkennung" wohl am meisten zu gewinnen hätten. Es soll ja direkt am Begriff der Gerechtigkeit die „Leerstelle" bzw. der zu mathematisch-exakte Ansatz aufgezeigt und kritisiert und mit einem Lösungsversuch der Problematik ergänzt werden.

Nach einer Rekonstruktion der Heglschen Positionen im ersten Teil seines Buches, geht Honneth zu einer systematischen Aktualisierung der Struktur sozialer Anerkennungsverhältnisse über. Zunächst wird dem jungen Hegel zuerkannt, dass er:

*„[...] einem geradezu materialistisch anmutenden Programm gefolgt ist: den sittlichen Bildungsprozeß der Menschengattung als einen Vorgang zu rekonstruieren, in dem über die Stufen eines Konfliktes ein moralisches Potential zur Verwirklichung gelangt, das in den Kommunikationsbeziehungen zwischen den Subjekten strukturell angelegt ist."* (Honneth, K.u.A., S.107)

Dabei hält Honneth aber fest, das Hegel hier einen „objektiven Gang der Vernunft" unterstellt, also ein „übergreifendes Vernunftgeschehen" unterstellt. Diese metaphysischen Prämissen will Honneth fallen lassen, er will aber die Idee des Kampfes um Anerkennung von Hegel übernehmen und durch einen engen Kontakt zu den Erfahrungswissenschaften zu einer normativ gehaltvollen Gesellschaftstheorie ausbauen.[25] Hier soll nicht die Herleitung dieser Theorie erfolgen, es sollen lediglich die Kerngedanken Hegels zum „Kampf um Anerkennung", wie Honneth sie deutet, kritisiert und am Ende übernimmt, nachgezeichnet werden, welche einer Untersuchung der Gerechtigkeit dienlich sind.

Im Kapitel „Moral und Gesellschaftliche Entwicklung" gibt Honneth zu, dass er die moralische Kraft, welche durch einen „Kampf um Anerkennung" innerhalb der sozialen Lebenswirklichkeit des Menschen für Entwicklung und Fortschritt sorgen soll, nicht direkt zeigen kann, dass er zunächst nur den indirekten Weg einer theoriegeschichtlichen und illustrativen Annäherung leisten kann. Er gibt aber an, was gezeigt werden müsste, damit die Theorie eine „theoretisch vertretbare Gestalt" annehmen kann:

*„ [...] wäre der empirische Nachweis zu führen, dass die Erfahrung von Missachtung die emotionsgebundene Erkenntnisquelle von sozialen Widerstand und kollektiven Erhebungen ist;"* (Honneth, K.u.A., S.227)

Dieser empirische Beweis kann im Rahmen dieser Arbeit selbstverständlich ebenfalls nicht geführt werden, darum wird in Bezug auf die weitere Arbeitsweise der begrifflichen Ar-

---

25 Vgl. dazu Axel Honneth, Der Kampf um Anerkennung, S.107-110.

beitsweise Honneths gefolgt und es wird für die Zwecke der Fragestellung nur jenes Argument extrahiert, welches diese Arbeit von Beginn an (zwar eher intuitiv und ohne einen expliziten Begriff) motivierte und ihr die spezielle Richtung, nämlich einer Kritik der Verteilungsgerechtigkeit im Konfliktfeld eines Kampfes um Anerkennung, gab.

Fassen wir den übergeordneten Gedankengang der Arbeit noch ein mal zusammen: Das gute Leben, oder die Eudaimonia gewinnt seine Dauer und seine Universalität erst durch die gerecht verfasste Gemeinschaft, wobei die gerechte Verteilung von Gütern nicht allein durch eine monologische und mathematische Zuteilung einer wie auch immer gearteten Würdigkeit erfolgen kann, weil dass die Potentialität der Menschen ausklammert, die sich immer erst frei und wirksam entfalten kann, wenn sie als noch nicht realisiert, aber als auf dem Wege zur Realisierung anerkannt ist. Der Kampf um Anerkennung ist also so lange notwendig und wird stattfinden, wie die Freiheit und die Entfaltungsmöglichkeiten des Menschen nicht in dem Gerechtigkeitsbegriff und schlussendlich in der Rechtsstruktur aufgehoben sind.

Wie gesagt, es wird aus Honneths Anerkennungsverhältnissen das der Gerechtigkeit herausgezogen und dazu deren Form der Missachtung. Hinzugezogen wird das Argument von Honneth (indirekt auch von Hegel), dass der „Kampf um Anerkennung" bei Verletzung z.B. der Anerkennungsform des Rechts (Entrechtung) andauert und immer neu motiviert wird. Eben bis eine vollständige Anerkennung der Anerkennungsform erreicht ist, also die motivationale Kraft der Subjekte (Personen) erlischt bzw. diese in einem befriedeten und stabilen Rechtszustand aufgehoben wird.

Für diese Arbeit wurde diese starke Prämisse (Verletzung der Anerkennungsformen führt zum „Kampf um Anerkennung") zunächst implizit benutzt, jetzt soll mit ihr explizit der Gerechtigkeitsbegriff des Aristoteles kritisiert und in einem gewissen Sinn erweitert bzw. angereichert werden. Sie (die Prämisse) wird als ziemlich belastbare Arbeitshypothese weiterhin (trotz des etwas entmutigenden Eingeständnisses Honneths)[26] in dieser expliziten Form weiterhin als wahr gesetzt, auch wenn sie hier selbstverständlich nicht empirisch bewiesen werden kann.

---

26 Vgl. dazu Axel Honneth, Der Kampf um Anerkennung, S. 227 f.

## 3.4. Kritik des Aristotelischen Gerechtigkeitskonzeptes nach Hans Kelsen

Die vernichtende Kritik[27] Kelsens an der Tugendethik des Aristoteles im Allgemeinen und am Gerechtigkeitsbegriff im Speziellen wäre deutbar als die Kritik an einem zu statischen und mathematischen begrifflichen Operierens des Aristoteles. Im Gegensatz zu dem Versuch, der in dieser Arbeit unternommen wird, das Gerechtigkeitskonzept des Aristoteles in großen Teilen als richtig und tauglich zu übernehmen und wohlwollend zu deuten, nur um den Begriff der Anerkennung der Potentialität des Menschen zu erweitern, verwirft Kelsen den Ansatz des Aristoteles ganz und gar als untauglich und unwissenschaftlich:

*„Die eigentliche Leistung der Mesotes-Lehre ist nicht, das Wesen der Gerechtigkeit zu bestimmen, sondern die Geltung der bestehenden, in der positiven Moral und dem positiven Recht etablierten Gesellschaftsordnung zu bekräftigen. Diese politisch höchst bedeutsame Leistung sichert die Aristotelische Ethik gegen eine kritische Analyse, die ihre wissenschaftliche Wertlosigkeit aufzeigt."* (Kelsen, Was ist Gerechtigkeit, S.45)

Unterstellt wird Aristoteles dabei eine politische Intention, ein dogmatischer Standpunkt und eine quasiwissenschaftliche Methode, die einer kritischen Untersuchung nicht standhalten könne. Kelsen kritisiert den Ansatz einer wissenschaftlich-exakten Bestimmung der Gerechtigkeit generell als verfehlt[28] und hier bei Aristoteles als einen politisch konservativen Schachzug und als einen bloß die aktuellen gesellschaftlichen Umstände verteidigenden tautologischen Ansatz. Die Gerechtigkeit kann nach Kelsen keine Tugend der Mitte (Angriff auf die Mesotes-Lehre) sein und sie kann niemals mathematisch-wissenschaftlich entdeckt und definiert werden. Als Mitte zwischen zwei Extremen kann sie nicht funktionieren, weil die beiden Extreme geometrisch die Mitte bestimmen, welche aber selbst nur Setzungen bzw. Ideale einer nur relativen (und nicht universalen) politischen Gesinnung sind. Weil der Bestimmungsgrund der Mitte aber von den jeweiligen Extremen abhängt, ist auch er nur eine relative Größe, die dann zum Teil unkritisch und dazu unter dem Etikett der vermeintlichen Wissenschaftlichkeit die gesellschaftlichen Normen bloß transportiert

---

27 Hans Kelsen, Was ist Gerechtigkeit, S. 43-45.
28 Das geschieht in diesem Textabschnitt weitestgehend implizit. Aber es wird besonders im Schlusswort der genannten Schrift mehr als deutlich, dass Kelsen ein liberales und offenes 'Gerechtigkeits- und Weltbild' affirmiert, welches in einem krassen Widerspruch zu einer konservativen und schon immer gewussten Idee von Gerechtigkeit steht.

und tradiert. (Vgl. Kelsen, Was ist G., S.43-45)

Diese Kritik richtet sich gegen die Tugendlehre der Nikomachischen Ethik als Ganzes und trifft damit die Gerechtigkeit doppelt. Zum einen in Bezug auf ihre Mesotesstruktur als Einzeltugend und zum anderen als Gesamtheit der Tugenden. Die Mesotesstruktur ist demnach fingiert durch ihre logische Abhängigkeit von den Extremen (aus dem Laster folgt das Gut und daraus die Mitte), die nur die Autorität der Gesellschaft und nicht eine wissenschaftliche Erkenntnis widerspiegeln.

Die Frage nach der Gerechtigkeit bzw. Ungerechtigkeit ist nach Hans Kelsen bei Aristoteles nicht zufriedenstellend beantwortet. Kelsen gibt im letzten Kapitel seines Werkes offen zu, dass auch er diese Frage nicht abschließend beantworten kann, ja dass es geradezu in der Natur der Sache der Gerechtigkeit liegt, dass sie nicht zu einem Ende im Sinne einer absoluten Gerechtigkeit zu bringen sei. Im letzten Kapitel seines Werkes spricht Kelsen vom Prinzip der Toleranz und davon, dass die Demokratie und die Freiheit diese ermöglichen und wie wichtig die Freiheit für die Wissenschaft ist. In diesem Zusammenhang spricht er abschließend und nachdrücklich vom (freien) Spiel von Argument und Gegenargument.[29]

Wenn man den freien Wettstreit von Argument und Gegenargument als eine zivilisierte Form des „Kampfes um Anerkennung" deutet, den Kelsen hier als ein Kriterium für die ideale Wissenschaft und demokratische Kultur ausmacht, dann haben wir eine interessante Verbindung zu unserer Ausgangsfrage hergestellt. Denn wenn die Wissenschaft, damit sie frei und ungehindert ihre Arbeit als „Wissen schaffende" Institution ausführen kann, die den freien Erscheinungsraum von Argument und Gegenargument braucht, dann ist hier die Anerkennung der Potentialität des Menschen und ein dialogisches Prinzip angelegt und gedacht. Wenn Wissenschaft nicht nur der dogmatische Ausweis der herrschenden Ideen und Verhältnisse sein soll, dann braucht sie diese freien Räume.

Ähnlich beanspruchen wir diese Freiheit und Offenheit, die Rechte und Pflichten, welche aus der sozialen Praxis des Gebens und Nehmens von Gründen[30] folgen, eben auch in Sachen Gerechtigkeit, denn dogmatisch zu behaupten was gerecht ist, ist in der wissenschaftlichen Praxis und im Alltag ungenügend. Der „Kampf um Anerkennung" ist in Bezug auf

---

29 Hans Kelsen, Was ist Gerechtigkeit, S. 51f.
30 Dieser Gedanke entstammt aus Robert Brandoms Werk „Begründen und Begreifen". Das soll lediglich ein skizzenhafter Querverweis sein, der andeutet, dass in diese Richtung (auch in Richtung der Diskurstheorie) sicherlich vertiefende und fruchtbare Untersuchungen möglich sind.

die Wissenschaft also das sukzessive Geltendmachen des Freiraumes[31] für Argument und Gegenargument.

In Sachen Gerechtigkeit soll gezeigt werden, dass Aristoteles eine Leerstelle bei der Berechnung der jeweiligen Würdigkeit einer Person unzulässig auffüllt. Diese Leerstelle wäre eine Art Freiraum für die Potentialität eines Menschen, welche anerkannt werden muss, damit die Gerechtigkeit im Verteilen dieser gerecht werden kann. Das wir noch nicht genau wissen, wie diese Leerstelle richtig zu füllen wäre, oder ob sie leer stehen muss, damit eine mathematisch-exakte Berechnung der Gerechtigkeit nicht stattfinden kann (weil sie es aus guten Gründen nicht soll) , diese Schwierigkeit mit der Offenheit der Gerechtigkeit sieht Kelsen sehr deutlich und an dieser Stelle macht er dann auch halt. Er kritisiert mit Nachdruck alle bisherigen Lösungsversuche dieser Problematik, also nicht nur bei Aristoteles (aber nur diese Kritik interessiert uns hier im Detail), um schlussendlich selbst keine Lösung anzubieten. Er verweist aber auf den Prozess, auf die andauernde Suche nach der Gerechtigkeit und, wie bereits erwähnt, darauf, dass die Frage der Gerechtigkeit immer erneut gestellt werden muss.

In dieser Arbeit soll der Versuch unternommen werden, jene angestrebte Offenheit durch das Konzept eines „Kampfes um Anerkennung" denkbar zu machen. Das wird umso schwieriger, da es dem Gerechtigkeitsbegriff inhärent zu sein scheint, dass er auf ein Urteil und ein Verhältnis hinaus abzielt und zwar auf ein exaktes und gerechtes zugleich.

### 3.5. Der Kampf um Anerkennung als offener Prozess

Gerechtigkeit ist nur möglich, wenn die Potentialität des Menschen als werdendes und offenes Wesen anerkannt ist. Anerkannt wird diese Potentialität nur, wenn der Mensch diese Anerkennung einfordert und entweder dialogisch, oder durch sozialen und politischen Kampf als geltendes Recht etabliert. Diesen Prozess kann man einen „Kampf um Anerkennung" oder einen Prozess der Akkumulation von Freiheit nennen und zwar so, dass das Recht auf ein sich erst noch entwickelndes und entfaltendes eigenes Leben - in dem die ei-

---

31 Nur am Rande: Hannah Arendt würde diesen Raum wohl den Erscheinungsraum nennen, ohne dem ein Einspruch oder ein Gegenargument gar keine Möglichkeit hätte, Wirklichkeit und Wirksamkeit zu erlangen.

gene Persönlichkeit vom Potential zur Wirklichkeit heranreift - garantiert ist. Gemeint ist mit Freiheit hier das Vorhandensein und der Zugriff des Menschen auf diesen Entwicklungsraum, welcher freilich seine Grenzen am Entwicklungsraum des anderen Menschen hat. Anerkannt werden muss also diese Potentialität, welche eben dem Begriff nach noch nicht Wirklichkeit hat, was bei der Reflexion auf die Gerechtigkeit dringlichst bedacht werden muss. Das macht aber das ganze so schwierig, weil das, was für eine faire Berechnung einer z.B. gerechten Verteilung in die „Kalkulation" einfließen muss, dem Begriff nach noch gar nicht wirklich ist. Damit wäre eine Gerechtigkeit, wie sie der Idee dieser Arbeit entspricht, unmöglich, wenn es nicht möglich ist, zu zeigen, wie die Potentialität des Menschen (z.B. für die aktuelle Bestimmung der Gerechtigkeit im Verteilen) in irgendeiner Weise vorausgesagt, oder mit guten Gründen praktisch/pragmatisch als geltende Norm gesetzt werden kann.

Also entweder man „rechnet" die Potentialität als Offenheit gegenüber der Entwicklung des Einzelnen z.B. durch bisherige Erfahrungswerte mit dessen bisherigen Entwicklungen ein, was aber erhebliche Probleme erzeugt, nämlich dann, wenn die jeweilige Gesellschaft so konzipiert ist, dass es oberflächlich so aussieht, als wäre das Potential immer schon verwirklicht und als gäbe es also keinen Bedarf danach, einen Entwicklungsraum freizuhalten. Diese Gesellschaft würde mehr oder minder starr reproduzieren, was an sozialen und politischen Freiräumen für die jeweiligen Menschen bereits besteht bzw. fehlt. Was das Ideal der Stabilität zwar scheinbar verwirklicht, aber in Wirklichkeit – aufgrund der inhärenten Widersprüche, welche nur an der gesellschaftlichen Oberfläche verdeckt sind – gerade Instabilität zur Folge hat, also wesentlich seine Bestimmung verfehlt und in sein Gegenteil umschlägt. Der „Kampf um Anerkennung" würde nun entweder (weil er z.B. unterdrückt wird) nicht offen stattfinden, oder er würde (so er denn doch offen ausbricht und dem Potential nach) diese Gesellschaft durch seine Dynamik destabilisieren.

Wie diese Folge von Kämpfen oder die Integration nicht anerkannter Gruppen von Menschen stattfinden könnte, ist nicht Gegenstand dieser Arbeit, aber dass diese Destabilisierung die Eudaimonia der Menschen gefährden kann, dass war ein wichtiger Punkt, um eine interne Kritik an der Gerechtigkeitskonzeption des Aristoteles zu betreiben, da dieser die Eudamonia als höchstes Gut bestimmt. Also darf sein eigenes Konzept der Gerechtigkeit nicht dieses Prinzip verletzen und wir wollen ja zeigen, dass gerade das passieren könnte. Für den Sklaven (als verständiges Werkzeug des Herren) gilt nach Aristoteles, dass es gerecht und zu seinem eignen Besten ist, dem Herren zu dienen und auf diese Weise abhängig zu sein.[32]

Damit die Eudaimonia als das gute Leben der Menschen gewährleistet ist, braucht es eine Gerechtigkeit, welcher eine Offenheit inhärent ist, die durch die intersubjektiv ausgehandelten Ergebnisse des „Kampfes um Anerkennung" gefüllt werden. Durch diesen offenen Prozess des Aushandelns gewinnt der Begriff der Gerechtigkeit den Anschluss an das menschliche Wesen als ein sich selbst schöpfendes und bestimmendes. Die Gerechtigkeit wird dem Menschen nun eher gerecht, weil in ihren Begriff nicht nur die Exaktheit der Mathematik, sondern auch die Potentialität und Wirklichkeit des Menschen einfließt. Das heißt, das zu fragen was gerecht ist, immer nach einem Verhältnis von Würdigkeit und Gütern auf der einen Seite, und nach der Möglichkeit der Verwirklichung von bis jetzt nur potentiell angelegten menschlichen Eigenschaften, zugleich fragt. Damit wäre nun ein Aspekt, der in der Einleitung zu dieser Arbeit genannten, angestrebten Synthese aus Kritik und Anerkennung des Gerechtigkeitsbegriffes des Aristoteles, ausgedrückt bzw. erfüllt.

Zu sagen und zu bestimmen was gerecht ist, ist demnach immer nur der erste Schritt, dem ein kritischer Dialog/Streit folgen muss, der die Gegenargumente, der von dieser Rede über Gerechtigkeit betroffenen Menschen, zu Wort und so zu ihrem Recht kommen lässt. Der „Kampf um Anerkennung", mit dem wir ein Streben nach der Umsetzung der Gerechtigkeit in die Wirklichkeit meinen, ist ein offener Prozess.

## 4. Gerechtigkeit, Freiheit und Eudaimonia

### 4.1. Das Problem mit der Offenheit der Freiheit und Potentialität

Es sollen jetzt die bisherigen Ergebnisse und Überlegungen dieser Arbeit problematisiert werden, es wird also sozusagen gegen die eigenen Ideen und Gedanken gedacht werden, damit Leerstellen im Inhalt entdeckt und Verbesserungen bzw. Präzisierungen der Kritik

---

32 Das entspricht dem Verhältnis (jedenfalls in dem Deutungsansatz, auf den sich hier vorläufig festgelegt wurde) von Herr und Knecht in Hegels berühmten Selbstbewusstseins-Kapitel in der Phänomenologie des Geistes, dort aber wirkt die Dynamik des asymmetrischen Anerkennungsverhältnisses im weiteren Verlauf gegen diese Beziehung und kehrt sich am Ende sogar um. (Vgl. dazu Hegel, P.d.G., S.145-159). Bei Aristoteles hingegen ist diese asymmetrische Abhängigkeit des Sklaven vom Herren als eine statische und stabile konzipiert, weil sie für beide Seiten als eine vernünftig und befriedigende gedacht ist. (Vgl. dazu Aristoteles, Politik, S.53)

ermöglicht werden. Der Zusammenhang von Freiheit zur Selbstverwirklichung und der Eudaimonia ist skizziert worden, auch der von Eudaimonia und Gerechtigkeit. Die Offenheit des Gerechtigkeitsbegriffes wurde eingefordert mit Bezug auf die Potentialität des Menschen, die anerkannt werden muss, damit der Mensch selbstbestimmt in einen gewissen „Freiraum", der wiederum (möglicherweise durch sozialpolitische Institutionen) freigehalten werden muss, in seiner Gesellschaft hineinwachsen kann.

Da man Freiräume und Offenheit nicht positiv bestimmen kann, bekommen jene Denker vielleicht ein Unbehagen, welche ein Problem und die dazugehören Begriffe gerne positiv und möglichst exakt ausformuliert haben wollen. Das ist verständlich, denn die Rede von Freiräumen, Offenheit und z.B. vom Potential des Menschen als Menschen soll nicht zum bloßen Gerede verfallen.

Diese schwer greifbaren Begriffe dennoch auf eine gewisse Weise einsehbar zu machen, wäre z.B. durch das möglichst genaue Beschreiben der Randbedingungen und umliegenden Begrifflichkeiten zu versuchen. Der Widerspruch scheint zu sein, dass mit möglichst exakter Sprache ein Problem beschrieben werden soll, dass sich dadurch auszeichnet, dass es erst zum Problem wird, wenn sein offenes Prinzip bereits verletzt wurde.

Das Problem mit der Offenheit, Freiheit und der Potentialität des Menschen ist in diesem Sinne vorhanden, als die Verletzung dieser drei als wesentlich für den Menschen zunächst geglaubten oder nur gesetzten Bestimmungen. Die Einschränkungen dieser drei Begriffe sind fassbar zu machen, sie selbst entziehen sich einer positiven Bestimmung durch den Verstand, weil sie ihrem eigenen Begriff nach zu füllende Freiräume repräsentieren, so viel folgt aber schon analytisch aus ihnen.[33]

Es bleibt die Problematik der direkten und klaren Einsicht in die für unsere Kritik zentralen Begriffe und deren Bezüge untereinander bestehen. Die Notwendigkeit der Anerkennung der Entwicklungsfreiheit sowie die der Potentialität des Menschen bleiben als schwieriges Problem bestehen; deren Notwendigkeit lässt sich nicht leicht theoretisch beweisen, soll aber auch nicht nur ideal und praktisch bzw. pragmatisch gesetzt werden. Es sollte gezeigt werden, dass die Anerkennung des Menschen im obigen Sinne, unter der Prämisse des allgemeinen Strebens der Menschen nach der Eudaimonia in einer politischen Gemeinschaft,

---

33 Wenn nun keine Anschauung zu diesen Begriffen passen will und wenn das am Ende auch logisch gar nicht möglich ist, so müssen sie (nach Kant) wohl Ideen (Begriffe ohne Anschauungen) und Ideale sein, welche dem Menschen bei seiner praktischen Orientierung helfen können/sollen. Diese Arbeit muss aus Zeitmangel und wegen der Umgangsbeschränkung ohne den Einbezug explizit Kant'scher Theorie auskommen. Nur sollte dieser Querverweis nicht ausgespart bleiben, weil er sich aus der internen Überlegung so wunderbar organisch und passend entwickelte.

notwendig ist. Wenn das skizzenhaft gelungen ist, dann ist ein wichtiges Ziel dieser Arbeit erreicht. Einige Unklarheiten bzw. Ungenauigkeiten sind wohl auch der Sache selbst verschuldet, die in ihrer ihr wesentlichen Offenheit und durch ihren Bezug auf einen Dialog (was jeweils gerecht ist, ist immer aktuell zu erstreiten) nicht mathematisch präzise inhaltlich fixiert werden kann. Wohl müsste allerdings dieser kritische Kommentar und die angestrebte Problembeschreibung dann streng und genau verfasst sein, das ist jedenfalls der ideale Anspruch dieser Arbeit.


### 4.2. Intersubjektive, dialogische Anerkennung, Kritischer Diskurs

Wenn man nicht mathematisch exakt und nach einer wissenschaftlich-allgemeinen Methode feststellen kann was gerecht ist, wie könnte trotzdem, sozusagen pragmatisch und dialogisch ermittelt werden, wie viele Güter jemand gerechter/ fairer Weise (mit guten Gründen; gerechtfertigter Weise) beanspruchen kann und erhalten soll. Hans Kelsen bezeichnet die „absolute Gerechtigkeit" als ein „irrationales Ideal"[34]. Nach seiner Auslegung gibt es keine eindeutige Bestimmung dessen, was absolut gerecht ist, denn es wäre immer möglich, auch das Gegenteil einer gerechten Handlung als gerecht auszuweisen. Es fehlt nach Kelsens Dafürhalten schlicht der absolute Maßstab zur Überprüfung dessen, was als gerechte Handlung (im absoluten und kontextinvarianten Sinne) gelten kann.

Für dieses Problem, dass es nämlich nur menschliche Interessen und aus diesen (im gesellschaftlichen Miteinander) folgende Interessenkonflikte gibt, für deren Überwindung keine objektive (wissenschaftlich-exakte) Lösungsformel brauchbar ist, gibt es nach Kelsen zwei Lösungen, jedenfalls wenn man den Standpunkt der Rationalität wählt und sich auf diesen beschränkt:

*„[...] entweder das eine Interesse auf Kosten des anderen zu befriedigen, oder ein Kompromiss zwischen beiden herbeizuführen. Es ist nicht möglich, zu beweisen, dass nur die eine, nicht aber die andere Lösung gerecht ist. Wenn sozialer Friede als höchster Wert vorausgesetzt wird, mag die Kompromisslösung als gerecht erscheinen. Aber auch die Ge-*

---

34 Hans Kelsen, Was ist Gerechtigkeit, S. 49.

*rechtigkeit des Friedens ist nur eine relative, keine absolute Gerechtigkeit."* (Kelsen, Was ist Gerechtigkeit, S.49)

Das eine Interesse auf Kosten des anderen Interesses einfach aufgrund von entsprechender Macht und Überlegenheit durchzusetzen, verfehlt freilich jeden Begriff von Gerechtigkeit und fällt ins Reich des bloßen Ringens der (Natur-)Kräfte, oder des reinen und unvermittelten Durchsetzens des einen Menschen (mit seinen Interessen) gegen einen anderen.

So bleibt als konstruktive und gleichzeitig soziale Lösung solcher Interessenkonflikte nur der Kompromiss. Er ist eine humane, durch Kulturtechnik vermittelte Strategie oder Praxis, welche den „Kampf der Interessen" bzw. das Austragen dieser Interessenkonflikte gewissermaßen kultiviert. Die Strategie oder Praxis des Kompromisseschließens überwindet auf diese Weise den Egoismus und den egoistisch motivierten Machtgebrauch eines Menschen (mit dem jeweiligen Interesse) gegen einen anderen, zugunsten eines pragmatischen und dialogisch ausgehandelten Interessenausgleichs.

An das Zitat Kelsens und an die Interpretation bzw. Erörterung des selbigen lässt sich der zentrale Gedanke dieser Arbeit, der des „Kampfes um Anerkennung", sehr gut anschließen. Es wurde zunächst selbstständig, dann auch mit Unterstützung der Ausführungen Honneths (auch mit Hegel, aber überwiegend indirekt und stark durch die Interpretation Honneths vermittelt), dafür argumentiert, dass soziale und politische Stabilität u.a. von der Anerkennung des Rechtes (der Rechte) des Einzelnen abhängen. Es wurde versucht zu zeigen, dass das Glück der Menschen von der Gerechtigkeit bzw. einer gerecht verfassten Gemeinschaft abhängt. Das ist auch bei Aristoteles so angelegt, wenngleich kritisch festzuhalten bleibt, dass an dessen Begriff der Verteilungsgerechtigkeit die Einbeziehung der Potentialität und Offenheit des menschlichen Wesens ausgespart ist. Bei allen Schwierigkeiten und Ungenauigkeiten, die hier lauern, ist es nun doch sehr tröstlich, dass auch Kelsen keine eindeutige Lösung für all diese Probleme gefunden hat, und dass er die Prämisse/Voraussetzung des „angestrebten sozialen Friedens" mit Honneth und der hier angestellten Überlegung teilt - außerdem, dass er daran erinnert, diese Voraussetzung auch explizit zu machen.

In dieser Arbeit wird genau diese Voraussetzung (der soziale Friede als höchster Wert) auch geteilt und mitgetragen. Wenn man sich an die Explikation des Begriffes der Eudaimonia in Kapitel 1.1 – 1.3 erinnert, wird schnell ersichtlich, wie dicht und komplex der Zusammenhang von Begriffen wie: „sozialer Friede" und „politischer Stabilität" ist. Nun ist die Eudaimonia (das Glück, das Lebensgelingen) bei Aristoteles gerade das höchste Gut, welches durch alle Handlungen und Strebungen immer indirekt (mit-)angestrebt wird. Hier ergibt sich eine gewisse Passung aller drei Ansätze (Aristoteles, Kelsen, Honneth) in Bezug auf das höchste Gut, auch wenn dieses bei den genannten drei Autoren unterschiedlich deutlich (bzw. explizit) gemacht wird.

Bei aller Passung ist aber aus den Betrachtungen auch klar hervorgegangen, dass es einen erheblichen Streit in Bezug auf den Weg zu diesem Gut gibt. Hans Kelsen konstatiert, und dem stimme ich ausdrücklich zu, dass Gerechtigkeit (relative, nicht absolute) nur durch einen Kompromiss und durch eine Art dialogisch-demokratisches Prinzip[35] zu realisieren ist, und zwar immer pragmatisch, relativ und unter Vorbehalten. Vorbehalte, die sich z.B. aus dem unter 3.2. beschriebenen Umstand ergeben, dass gewisse Potentialitäten und noch nicht realisierte, zukünftige, also mögliche Entfaltungs- und Entwicklungsbewegungen des Menschen, notwendig durch den konstruktiven Streit und Dialog in den jeweils ausgehandelten Gerechtigkeitsbegriff mit einfließen müssen. Gerechtigkeit ist in diesem Sinne relativ, aber nicht willkürlich, sie muss stets neu ausgehandelt werden im Spannungsfeld einer historisch gewachsenen und so Vernunft in sich bergenden Tradition[36] und einer dialogisch-tätigen Schaffung gesellschaftlicher Wirklichkeiten im Hier und Jetzt. Dazu braucht es den kritischen Diskurs darüber, was Gerechtigkeit heute bedeuten könnte.

### 4.3. Gerechtigkeit und Anerkennung als die Geburtshelfer der Eudaimonia

Die Gerechtigkeit als Ideal zu verwirklichen, welches der „Kampf um Anerkennung" als wiederum eben ideales Ziel hat, ist demnach ein offener, aber gerichteter Prozess, bei dem immer aufs neue intersubjektiv zu prüfende Gründe und Forderungen in einen Diskurs über die Gerechtigkeit einfließen. Offen ist er wegen seiner dialogischen Form - gerichtet wegen seines Bezuges auf ein Ideal. Dabei ist das Ideal der Gerechtigkeit selbst einbezogen in den rationalen Diskus[37] und also immer in seiner Ausprägung stets in Verhandlung, nicht ist es

---

35 Hans Kelsen, Was ist Gerechtigkeit, S. 50-52.
36 Hier unterstelle und teile ich eine der „metaphysischen Prämissen", welche Honneth (K.u.A, S.108) bei Hegel kritisiert, mit Hegel – welche in vollem Umfang zu explizieren einer weiteren umfangreichen Arbeit bedürfte. Dass nämlich in historisch gewachsenen und auf diese Weise unter ständiger Kontrolle stehenden Institutionen Vernunft akkumuliert ist, d.h., dass Institutionen im „Normalfall" korrekt und den jeweiligen Anforderungen entsprechend funktionieren. Dass diese Prämisse mitunter problematisch ist, sei dabei eingeräumt, kann und soll aber an dieser Stelle nicht weiter verfolgt werden.
37 Der rationale Diskurs soll hier verstanden werden als eben eine zivilisierte Form des „Kampfes um Anerkennung". So entspricht ihm auch eine gemeinschaftliche Praxisform und die sich daraus ergebenden

aber darum willkürlich. Die wechselseitige Kontrolle der Diskursteilnehmer, unter der Voraussetzung, dass diese alle die Eudaimonia als höchstes Ziel verfolgen, sorgt für einen stabilen Ausgleich der Interessen. Über die Problematik mit der Offenheit und der Freiheit wurde bereits unter 4.1. nachgedacht.

Die Eudaimonia, also das gute und vernünftige Leben in einer Gemeinschaft, so die Voraussetzung, ist auf diesen Prozess des dialogischen Aushandelns und Umsetzens der Gerechtigkeit angewiesen. Das Glück und das gute Leben kann freilich nicht garantiert werden, schon gar nicht für jeden Einzelnen, das wäre auch ein merkwürdig realitätsfernes Ziel. Es sollte aber möglich sein, die Bedingungen zu skizzieren, welche erfüllt sein müssen, damit die Wahrscheinlichkeit für das Zustandekommen eines guten Lebens für eine möglichst hohe Anzahl von Personen maximiert ist.

Aristoteles Lösung überzeugt nur teilweise, weil er, wie bereits gezeigt wurde, einigen Menschen die Fähigkeit zu selbstverantwortlichen Handlungen und damit zur Realisierung ihres Glücks abspricht. Überzeugende Gründe liefert er nicht, er stellt dieses scheinbare Defizit lediglich fest, ohne es kritisch zu prüfen bzw. nach dessen Genese und sozial-politischen Ursachen zu suchen. Dazu noch ein bezeichnendes Zitat:

*„Denn der Sklave ist ein beseeltes Werkzeug, das Werkzeug aber ein unbeseelter Sklave."*
(Aristoteles, EN, S.273)

Aristoteles räumt aber anschließend ein, dass dieser Sklave auch Mensch ist, und was ihm als Sklaven nicht zukommt (Freundschaft, Gerechtigkeit), kann ihm doch als Menschen zukommen.[38] Die Eudaimonia soll dem Sklaven dennoch, wie bereits erwähnt, durch die Bevormundung durch einen (im besten Fall gerechten) Herren zukommen. Hier wurde bereits gezeigt, dass ein offenerer und die Potenzialität des Menschen anerkennender Gerechtigkeitsbegriff die bessere Lösung ist. Besser in Bezug auf die aus flexibleren Anerkennungsverhältnissen folgende stabilere Gesellschaftsform und auch, weil sie dem Vollbegriff der Eudaimonia, als ein selbstbestimmtes und glückliches Leben in Freiheit und in universeller Geltung, gerecht wird. Das heißt, dass zunächst davon auszugehen ist, dass jeder

---

realen Handlungsformen. Auf diese Weise wird die ansonsten eher abstrakte Metapher eines „Kampfes um Anerkennung" konkret. Ein Einbezug der Diskursethik (z.B. nach Habermas) als eine mögliche Praxisform des „Kampfes um Anerkennung" wäre an dieser Stelle zwar hochinteressant und naheliegend, muss aber aus Platz- und Zeitgründen leider entfallen.
38 Aristoteles, Nikomachische Ethik, S. 273.

Mensch so behandelt werden muss, als könnte er ein Leben im Sinne der Eudaimonia realisieren bzw. verwirklichen. Damit er dies tatsächlich kann, muss er im erarbeitenden Sinne gerecht behandelt werden. Und so ein Mensch in selbst verschuldete Sklaverei und Unmündigkeit[39] sich begibt, verfehlt er seine eigene Natur als freies Vernunftwesen und auch die Eudaimonia und er tut sich selbst Unrecht. Wobei dieser Gedanke von der Kritik abbringt und ein ganz neues Thema eröffnen würde, nämlich die Frage nach den Pflichten gegenüber sich selbst, welche nicht Gegenstand dieser Arbeit sind.

Relative Gerechtigkeit (am Ideal orientierte und dieses gleichzeitig mit-formende) und der „Kampf um Anerkennung" (im Sinne des produktiven Streits) sind auf diese Weise - um die titelartige und metaphorische Überschrift wieder aufzunehmen - die Geburtshelfer der Eudaimonia, d.h., sie ermöglichen das sich entfaltende freie und glückliche Leben des Menschen in einer Gemeinschaft, weil sie dessen Voraussetzungen sind. Das heißt, dass idealer Weise der jeweilig von Gerechtigkeitserwägungen betroffene Mensch auch der zum Begriff der Gerechtigkeit gefragte und auf diese Weise anerkannte Mensch ist, welcher durch seinen Widerspruch und seine Argumente zur Verbesserung des Gerechtigkeitsbegriffes beiträgt. Die Verbesserung wäre also der dialogisch und kritisch erarbeitete Begriff von Gerechtigkeit, welcher immer nur vorläufiges Endergebnis eines solchen Prozesses sein kann und als ein solches stets neu und unter Einbezug der Potentialität des Menschen aktualisiert werden muss.

## Zusammenfassung und Schluss

Die Idee, das Gerechtigkeitskonzept des Aristoteles als in einem gewissen Sinn zu statisch und mathematisch zu kritisieren, war zunächst eine spontane, die sich aus der Beschäftigung mit eben diesen Aristotelischen Gerechtigkeitskonzepten und dem Gedankengut des Deutschen Idealismus (überwiegend: Kant und Hegel) ergab.

Bei Axel Honneth fand ich nun eine mögliche Aktualisierung von Hegels „Anerkennungstheorien" und so auch den Bezug zur Gegenwart der Philosophie. Von Honneth (und indirekt/ implizit von Hegel) erhoffte ich mir einigen theoretischen Rückhalt und weitere Anre-

---

[39] Angelehnt an Kants Idee des mündigen Menschen und der selbst verschuldeten Unmündigkeit. (Vgl. dazu Immanuel Kant, Beantwortung der Frage: Was ist Aufklärung?)

gungen in Bezug auf die Idee, dass eine Gerechtigkeit, die verkürzend gedacht ist und dann auch entsprechend wirkt, die so dem offenen und werdenden Wesen des Menschen nicht gerecht wird, zu weiteren Anerkennungskämpfen führen müsste. Diese Konflikte und Kämpfe, so sie gewaltsam ausgetragen werden, stören den dauerhaften Frieden einer Gemeinschaft und so die Eudaimonia (als gutes und selbstbestimmtes Leben) der Menschen. Das ist im Grundriss der kritische Gedanke, der den Anlass und Ausgangspunkt zu dieser Arbeit bildet.

Das kleine, sehr kritische und vielleicht zu abstrakte Kapitel zu Aristoteles' Gerechtigkeitsbegriff von Hans Kelsen bekräftigte den Entschluss, Aristoteles' Konzeption der Gerechtigkeit im Hinblick auch auf diese Vorwürfe zu untersuchen. Auch weil sich gezeigt hat, dass noch viel härtere und entschlossenere Kritik, als die in diesem bescheidenen Projekt angelegte und ausgeführte, von etablierter Seite vorhanden und demnach wohl zumindest berechtigt war.

Also musste im Rahmen dieser Arbeit zum einen gezeigt werden, dass Aristoteles' Begriff von Gerechtigkeit in mindestens einem Sinne zu statisch ausfällt, und dass daraus Probleme bei der Bewertung bzw. Anerkennung der Menschen und bei der Güterzuteilung folgen können. Dabei sollten nicht zuerst die teilweise offensichtlichen Merkwürdigkeiten im Menschenbild (Sklave als verständiges Werkzeug) aufgezeigt und als verfehlt dargestellt werden, sondern diese „Missstände" sollten aus dem verkürzten Gerechtigkeitsbegriff selbst, sozusagen immanent (als logische Folge aus eben falschen bzw. verkürzenden Prämissen/ Begriffen), erklärt werden, was sehr schwierig schien und vielleicht auch nur skizzenhaft gelungen ist.

In diesem Sinne wurde für einen weiteren und offeneren Gerechtigkeitsbegriff argumentiert, der gerade in Bezug auf die Verteilungsgerechtigkeit einige pragmatische und an einem modernen Menschenbild orientierte Modifikationen als sinnvoll erweisen wollte. Die Anerkennung der Potentialität der Menschen war dabei das wesentliche Moment; gekoppelt mit dem Argument, dass eine nur aktuelle Bestimmung der Würdigkeit (wie auch immer diese näher bestimmt ist) eines Menschen und eine aus dieser Bestimmung (geometrisch/ mathematisch) folgende Güterverteilung eben diese Potentialität nicht beachtet. Die Beachtung dieser Potentialität des Menschen (als sich selbst entwerfende und gestaltende Lebensform) wäre eine Art „Vorschuss" bei der Gerechtigkeitskalkulation, welcher sich aus der Erfahrung speist, dass die wirkliche Entfaltung der Potentialität des Menschen genau diesen Vorschuss braucht.

So ist jede Gerechtigkeitsüberlegung als Aktualisierung einer, wie bereits besprochen, auch „nur" historischen und von den jeweils „herrschenden Gedanken" der aktuellen Gesellschaft abhängigen Idee von Gerechtigkeit in diesem Sinne erfahrungsabhängig und benötigt ein gewisses Maß an Urteilskraft (und kritischem Diskurs) und eine auf den Kontext und eben jene Historizität reflektierende Vernunft. Der freie Wettstreit bzw. der kritische Dialog (als zivilisierte/ kultivierte Form des Kampfes um Anerkennung) um das, was jeweils als Gerechtigkeit bzw. als gerechte Handlung oder Verteilung gilt, garantierte die Offenheit und Flexibilität des Gerechtigkeitsbegriffes, da er das begrifflich ideale Moment der Gerechtigkeitsproblematik mit dem empirisch-subjektiven Interessen der je betroffenen Menschen auf produktive Weise zusammenschließt.

Die angestrebte Synthese aus Kritik (oder kritischem Kommentar) und Anerkennung der Überlegungen des Aristoteles zum Thema Gerechtigkeit, ist als eine Annäherung an die komplizierte Struktur dieser hochkomplexen Thematik wahrscheinlich nur teilweise gelungen. Gerade der Bereich der Darstellung, Anerkennung und Würdigung (wenn sie vollständig hätte geschehen sollen) der sehr umfangreichen und ineinandergreifenden Gedanken und Ansätze (die systematischen Theorien des Aristoteles) zum Thema Glück, Gerechtigkeit, gerechte Gemeinschaft bzw. ideale Staatsform hätten noch das vielfache an Raum benötigt. Hier waren inhaltliche Abstriche und Vereinfachungen (im Sinne eines Herausgreifens von Kerngedanken und der skizzenhaften Darstellung der Inhalte) nötig, welche hoffentlich nicht dazu geführt haben, dass es sehr leicht wäre, die angestrebte Kritik vollends zu entkräften.

Dass die Frage nach einer absoluten Gerechtigkeit hochproblematisch ist, wie es Hans Kelsen am Ende seines Werkes konstatiert, und dass wir lernen müssen, die Frage nach der Gerechtigkeit immer neu (und in einem relativen Sinne) zu stellen und dialogisch zu verhandeln, dieser allgemeinen und vielleicht heute sogar banal erscheinenden Erkenntnis schließt sich diese Arbeit an. Dass der Versuch, die Gerechtigkeit monologisch und wissenschaftlich-exakt zu bestimmen, immer in der Gefahr steht, den Begriff oder die Idee der Gerechtigkeit zu verfehlen, oder diesen sogar in sein Gegenteil zu verkehren, ist dabei allerdings gar nicht banal, es ist die Gefahr, die immer droht, wenn die Angst vor der Freiheit und Offenheit in einer so wichtigen Sache die Oberhand gewinnt, aus welcher dann der nachvollziehbare Wunsch nach fixierten, exakten und ewigen Begriffen folgen kann. Ganz abgesehen von politischen und sonstigen Gründen, welche zu einer bewussten Manipulation der Begrifflichkeiten einen Anlass bilden könnten.

Hier, d.h. im theoretischen Kontext, wäre zu wünschen, dass jemand diese Problematik noch deutlicher auf den Begriff bringen kann, als es mir möglich gewesen ist, und in diesem Sinne ist der kritische Dialog und die wechselseitige, produktive Verbesserung und Vervollkommnung der stets beschränkten Standpunkte und Perspektiven eines jeden in einer Person aktualisierten Denkens und Philosophierens (als eine kultivierte Form des „Kampfes um Anerkennung") notwendig für eine sich verbessernde Theorie und Praxis der Menschen. Als übende und ihr Potential erst entfaltende und so schrittweise realisierende Lebewesen, sind die nach Erkenntnis und Eudaimonia strebenden Menschen grundsätzlich aufeinander angewiesen und sie realisieren ihr gutes und selbstbestimmtes Leben nur in einer funktionierenden Kooperationsgemeinschaft, welche dieses werdende und abhängige Wesen aller seiner Mitglieder vollständig anerkennt.

# Literaturliste

Aristoteles, Nikomachische Ethik, rowohlts enzyklopädie 2006

Aristoteles, Politik, rowohlts enzyklopädie 2006

Christof Rapp, Aristoteles zur Einführung, Junius Verlag 2001

Hans Kelsen, Was ist Gerechtigkeit, Reclam Verlag 2000

Axel Honneth, Kampf um Anerkennung, Suhrkamp Verlag 2012

G.F.W. Hegel, Phänomenologie des Geistes, Suhrkamp Verlag 1986

Immanuel Kant, Beantwortung der Frage: Was ist Aufklärung?
In: Berlinische Monatsschrift 4 (1784)